AF385243

ORAISON FVNEBRE

DE HAVT ET PVISSANT SEIGNEVR MESSIRE EMERY DE BARBEZIERES CHEVALIER DES DEVX

ordres du Roy, Conseiller en ses Conseils d'Estat & Priué, grand Mareschal des logis du corps & armées de sa Majesté, Comte de Ciuray, & Seigueur de la Roche Chemeraut.

Declamée à Marigné le 9. Iuin. par le R. P. Boucher, Religieux de l'Ordre S. François.

A POICTIERS,

Chez IVLIAN THOREAV, Imprimeur de l'Vniuersité. 1609.

A
HAVTE ET PVISSANTE
DAME MADAME CLAVDE DE
L'aubepinne Conteſſe de Ciuray,
veſve de deffunct haut & puiſſant
Seigneur Meſſire Emery de Bar-
bezieres Seigneur de la Roche
Chemeraut.

MADAME,

Ce ſont icy (à mon regret) non
des fleurs mais des pleurs que ie
vous preſente: Pleurs toutes-fois compoſees de
belles fleurs, ſçauoir eſt, des vertus heroiques
de deffũt meſſire Emery de Barbezieres voſtre
cher Eſpoux, d'vne partie deſquelles nous a-
uons tous enſemble faict vn amas ces iours
derniers comme de belles roſes printannieres,
exprés pour les faire paſſer par les alambicz de
nos yeux, ſur le feu de nos cuiſants regrets.
Moy voyant que ceſte eau eſtoit compoſée de
matieres ſi belles & ſi dignes, ie me ſuis

promis que l'offre vous en feroit bien fort a-
greable, & que vous ne dedaigneriez pas d'en
aroser la plante precieuse de vostre belle con-
stance, à fin de la faire mieux reuerdir durant
l'hyuer de ceste triste mort, par la rigueur de laquelle vous auez perdu la presence cherissable
de celuy qui estoit la moitié de vostre vie, & de
vous mesme: car faisant cela vous ferez re-
naistre les belles fleurs de vostre fidelle amour,
des pleurs funebres de sa regretable mort, à fin
que sa mort viue tousiours par vostre chaste
amour, & que vostre amour s'eternise par sa
mort. C'est (Madame) ce que ie tasche de
representer au public par ce petit ouurage de
ma plume, lequel vous fera vn raport veritable & fidelle de celuy que fist ma langue,
lors que deuant vne grande assemblée de No-
blesse, ie peignois & plaignois la vie & la
mort de celuy, qui viuant estoit icy bas le seul
obiect de vostre amour: excepté que ie tais
quelques poincts de controuerse dont i'entrelas-
se ceste Oraison funebre pour le respect de
quelques honnestes Gentils-hommes de la Religiõ pretedue, que ie vy fort respectueusemẽt
attentifs à ce discours & à toutes les cerimo-

nies de la pompe funebre, en quoy ilz sembloiẽt
desirer viure & mourir Catholiques. Dieu
leur en face la grace: & a moy.

Madame, de demurer a iamais,

Voſtre tres-affectionné
& tres-humble ſeruiteur
BOVCHER.

ORAISON FVNEBRE

de haut *&* puissant Seigneur Messire
Emery de Barbezieres Cheualier des
deux Ordres du Roy, Conseiller en ses
Conseils d'Estat *&* Priué, grand
Mareschal des logiz du corps *&* ar-
mées de sa Maiesté, Comte de
Ciuray, *&* Seigneur de la
Roche Chemeraut.

E subject lamentable de ce Tableau
funebre, ou la mort cruelle est assise
comme dans vn char de Triomphe qui
est peint dehors & dedans à couleur de
tenebres, paré de draps noirs, parfumé des fumées
de cent torches flamboyantes, & accompagné d'vn
concert musical de voix tristes & plaintifves: Dedans lequel ceste parque impiteuse tient soubz ses
pieds la vie de ce braue & genereux Cheualier Messire Emery de Barbezieres, nous faict voir assez clerement au trauers de ces tristes ombres, combien
l'original de ceste Tragedie est piteux, puis que la
copie en est si lugubre . Mais tout cela n'aspire
pourtant à autre fin, qu'a nous induire à mesurer
nostre dueil (accompagné tousiours d'vne Chre-
stienne modestie) à la grandeur du plaisir & du bien

que nous perdons par la mort de ce vertueux Cheualier. Car s'il est ainsi qu'vne grande perte doiue estre suyuie d'vn grãd dueil; & q; pour marquer la verité d'vn grand dueil, il nous soit permis de leuer la bonde aux larmes de nos yeux, ouurir la porte aux souspirs de nos bouches, faire sortir à la foule les sanglots de nos poictrines, & licentier les plaintes de nos langues: C'est maintenant ô noble assistance! que tous ensemble, & particulierement les enfans de ceste Prouince Poicteuine, pouuons à bon tiltre donner à nos l'armes liberté de couler sur la terre, à nos souspirs congé de voller par les Cieux, à nos plaintes licéce de voguer par les mers, & à nos sanglots permission de vaguer par les airs, affin que les Airs, que les Mers, que les Cieux & la terre soyent desormais les tesmoins oculaires de nos pleurs; comme ils ont esté iadis spectateurs des vertus de celuy, pour l'amour & la mort duquel nous faisons vn tel dueil.

Mais pour contempler plus à l'aise les vertueuses excellences qui brillonnoient à l'enuy sur la face & les actions de ce genereux Cheualier, il ne faut qu'a ietter vne oeillade seulement sur ceste Statuë admirable que vit Nabucodonosor durant son sommeil.

Ce grand Roy estant donc vne fois non-challément estendu sur sa couche, n'eût pas si tost fermé les yeux de son corps à la lumiere du Soleil, qu'il ouurit promptement ceux de sa pensée à vne belle & mysterieuse vision, en laquelle il luy sembloit voir vne Statuë d'vne hauteur merueilleuse, dont la teste estoit estofée d'vn or tres luisant, la poictrine & le flanc d'vn argent bien polly, les cuisses d'vn cuiure esclattant, & les iambes & les pieds de fer & d'argille. Ce Prince curieux contemple cet object

d'vn

d'vn œil attētif, & ce pédant qu'il admire ces grān-
deurs admirables , il se mire dans le christal de ses
beautez rauissātes, iusques à ce qu'vne petite pierre
enuieuse de son plaisir, ayt frapé la Statuë, & reduitte en poussiere sur le champ.

Aussi quand ie vous considere de bien pres ô mō
braue & genereux Emery ! il me séble voir tout a nud
cette statuë admirable auec toutes ses misterieuses
qualitez, excepté que celle la n'auoit point d'estre
que par songe seullement, & vous l'auez eu en effect & en verité: car vostre chef estoit d'or comme
le sien : vostre poictrine d'argent tout de mesme
que la sienne, vos cuisses de cuiure , vos iambes &
vos pieds de fer & d'argille tout ainsi que les siens:
Mais qu'est ce que nous represente l'or pretieux
(selon le Hierogliphe des anciens) sinon la sagesse,
l'argent pur & net que la fidelité ? le cuiure esclatāt
qu'vne viue eloquence ? le fer dompteur qu'vne
force inuaincuë ? & la terre que la cleméce & douceur ? L'or est le roy des metaux , & la sagesse prin-
cesse des vertus : l'argent pur & net ne peut porter
auec soy aucun immondice, & la fidelité ne peut
endurer aucune perfidie : le cuiure rend vn son es-
clatant, & l'eloquence fait par tout retentir les ac-
cents de sa voix : le fer ne pardonne à rien , & la
force force tout : la terre est la mere des viuans , &
la clemence nourriciere des vertus. Puis donc que
les actions & parolles que messire Emery de Barbezieres à produittes & prononcees durant le cours
de sa vie, estoient plaines de traits de sagesse, de fidelité & de force, & réplies dés attraits d'eloquence & de douceur, dites moy ô nobles auditeurs l'ay-
ie tort de le parangonner à ceste statuë merueilleuse qui estoit composée d'or , d'argent, de cuiure,

B

de fer & de terre, vrayz simboles de douceur, de force, d'eloquence, de fidelité & de sagesse?

Mais pour euiter la confusion ou nos entendemés & memoires pouroient tomber s'ils venoient considerer tous à la fois & en globe ceste diuersité d'excellences: il les faut contempler les vnes & les autres à par soy, & pour ceste fin nous mettrons peine de les ranger toutes soubz les cinq parties principalles de nostre Statuë: ce qui se pourra faire aysement, puis que les gestes de nostre Messire E-mery se rapportent tous à quelqu'vne de ces cinq.

Or s'il faut commencer par la teste d'or qui est (selon Salomon) le Symbole de Sagesse, Ie diray, ô Sage & vertueux Emery! que vous monstrates bien des vos plus tendres ans, le grand desir que vous auiez de faire reluire la Sagesse en toutes vos actions, & luy donner tousiours lauant-garde en la conduitte bien heureuse de tous vos desseins, puis-que vous voulustes faire l'aprentissage du reglement de vostre vie en l'escholle de ce Sage, & Religieux Prince Monseigneur de Nemours, auec lequel vous fistes de si aggreables practiques de ceste belle vertu, que nos Roys puis apres vous ont iugé digne d'ambrasser plusieurs grandes ontrepri-ses que vous auez conduittes à leurs fins, auec au-tant de bon heur que de discretion & Sagesse.

Le grand Roy Artaxerses escriuant vn iour à Hy-stannides son maistre d'hostel luy commandoit de cercher par la Grece & ailleurs des hommes Sages, prudens & bien auisez, & de les rendre par toutes sortes d'honnestetez & courtoisies, amis & fidelles seruiteurs de la Maison Royalle, car (disoit-il) on trouue assez de Courtisans effeminez, muguets, e-uentez, dissoluz & accompagnez de plusieurs telles autres qualitez. Mais *Viros inuenire qui confilio præftent non eft facile*, de trouuer des hommes meurs, fages, iuditieux, & de bon Confeil, ce n'eft pas vne chofe bien aifée. Or nos Artaxerfes de France ont bien monftré l'eftime qu'ils faifoient de la Sageffe de Monfeigneur de Barbezieres par les belles & difficilles charges, aufquelles ils l'ont à toutes rencontres & occafions deftiné.

En tefmoignage de cefte verité, le Roy Charles vn iour luy cōmāda d'aller mettre ordre aux viles de Guiéne qui eftoiét def-ja efbrālées& broüillées par les rudes fecouffes de la guerre, d'affifter Mōfieur le Marefchal de Mon-Luc, & d'affembler des troupes pour combatre celles de la Royne de Nauarre qui eftoit vers Tenis auec 5000 hommes. Mais voyant que les troupes Nauaroifes l'empefchoient de ioindre mondit Sieur le Marefchal de Mon-Luc pour traicter auec luy des moyens requis à l'execution de leur charge, il s'aduifa d'acomplir par prudence, ce qu'il ne pouuoit terminer par la force: tellement qu'il f'habilla en marinier, & foubz ce deguifement trauerfa fans peine les dangers de l'armée ennemie, qu'il repouffa auffi toft brauament, apres f'eftre ioint aux troupes du Seigneur fus-nommé.

Le Roy Henry le voyant plain de iugement & d'efprit, le choifift entre tous, fi toft que Monfieur fut party de la Cour, pour l'enuoyer en Guyenne affin d'affoupir les reuoltes qui fe tramoient contre fon eftat. Quelque temps apres il le renuoya à Thoüars vers le Roy de Nauarre, pour le feruice duquel quelques entreprifes auoient efté faictes fur Nantes. S. Mallo, Pont-delay, & autre villes fortes : Mais M. de Barbezieres vfa d'vne telle pru-

dence & ſageſſe en ceſte legation, qu'il decouurit
les deſſeins ennemis, ce qui fut cauſe qu'ils furét toꝰ
réuerſez, ſans que pas vn ſeul peuſt ſurgir à bóport.

Sa ſageſſe le rendit Ange de paix entre les hommes, car il fut vn des premiers & principaux qui
moyenna la paix entre ces deux grands Roys de
France & de Nauarre : Ce qu'ayant heureuſement
accomply le Roy le renuoya de rechef en Guienne
pour congedier les troupes guerrieres, & arreſter
les villes en la fidelle obeiſſance de leur Prince.

C'eſt la ou il c'eſt faict non diſciple ſeulement,
mais compagnon de ce ſage & prudent Capitaine
Sertorius, qui ſe rendoit autant fauorable à ſes a-
mis, que dommageable à ſes ennemis : Mais c'eſtoit
plus par les artifices de Minerue que de Mars : plus
(dy-je) par ſageſſe que par proüeſſe : Et plus encore par prudence que par puiſſance : quoy que
l'vne & l'autre fuſſent les deux gouuernantes ſou-
ueraines de toutes ces guerrieres entrepriſes.

Ceſte ſageſſe qui a ſi viuement eſclatté en toutes
ſes actions eſt cauſe qu'a bon tiltre il porte les fu-
ſées en ſes armes. Car les anciens prenoient ordinairement la fuſée pour Symbole de quelque affai-
re difficile, obſcure, confuſe & mellée, mais on ne
donne pas le maniment de telles affaires à des eſ-
prits broüillons, volages, & legers, mais trop bien
à ceux la eſquels on void reluire la ſageſſe.

Or ſi ceſte ſageſſe à viuement eſclatté en ce chef
(qui eſtoit ſemblable à vne maſſe d'or pretieux) la
fidelité n'a pas rendu moins de luſtre en ceſte poictrine qui eſtoit auſſi pure qu'vn argent clair & net,
qui ne faict que ſortir du fourneau, comme il ap-
paroiſt aſſez clerement par les bons ſeruices que ce
genereux Cheualier, plain de courage, de conſtan-

ce & de zelle, à renduz à ses maistres & Princes le-
gitimes.

Car si tost qu'il fut arriué de Pologne à Paris,
pour annoncer au Roy Charles l'heureux couron-
nemét de son frere sur le Royaume de Pologne, la
mort dudit Roy interuenant, la Royne mere luy
commenda de reprendre la route de Pologne,
pour porter au Roy les nouuelles de la mort de só
frere, & l'aduertir par mesme moyen d'aduancer
son retour, affin de marier a son arriuée le Diadef-
me François auec la couronne Polognoise: Maïs
il fist le voyage auec tant de diligence, qu'il n'en-
ploya qu'vnze iours seullement pour aller de Paris
(ville capitale de France) en Cracouie, qui est la
principale de Pologne: & ne mangea, ny ne beut,
ny ne dormit aucunement durant ceste longue
course; qu'a cheual (chose non praticquée deuant
luy) ne changeant point ses cheuaux que quand il
le voiet rompuz & creuez dessoubs luy.

A peine eut il loisir de respirer tant soit peu, que
le Roy le renuoya dans la Fráce, asseurer la Royne
mere de l'heureuse disposition de sa personne &
de toutes ses affaires. Cela fait la Roine le surchar-
gea de rechef d'aller retrouuer le Roy à Venise, ou
estant ariué il fut fait grand Mareschal des logis du
corps & des armees de sa Maiesté: & outre plus elle
luy commenda de la seruir de toutes sortes d'offices (faueur rare & grande) comme le recognoissant
pour estre l'vn de ses plus fidelles & affectionnez
seruiteurs. Et pour couronnement des honneurs
que le ciel (capitaine des bonnes fortunes) reser-
uoit à ses merites, il fut creé vn des premiers Che-
ualiers de l'ordre du S. Esprit.

Mais si ce cœur genereux rendit de grandes preuues de sa foy à son maistre durant le cours de sa fortune fauorable & prospere, il redoubla les tesmoignages de sa fidelité, au temps que le Ciel par ie ne sçay quels ressors effroiables & terribles se preparoit à bouleuerser la vie & l'estat de ce Prince infortuné.

Le Roy l'ayant desja plusieurs foys experimenté fort fidelle à son seruice, l'enuoya en Picardie (à la naissance des troubles derniers) pour decouurir & apprendre les dessains de ses aduersaires : ce qu'ayant fait il va promptement retrouuer sa Majesté au bois de Vicennes, d'ou elle partit tout soudain pour venir à Paris deux iours deuant que le malheur de nos pechez cómeçast à esclore cette piteuse Tragedie, dont la premiere Scene fut iouée dans l'enceinte des murailles de Paris, & les autres representées sur le grãd teatre de la France, aux despans du sang de ses enfans bien aymez.

Or en ce piteux accessoire, le Roy fist paroistre la confiance qu'il auoit en la fidelité de monsieur de Barbezieres : car non seulement il luy donna le quartier de S. Honoré à garder, mais (ce qui est bien dauantage) il luy donna mesme sa Royalle personne en depost, qu'elle fist sortir seurrement par la porte neufue, que seulle il auoit cóseruée (durãt ce sanglãt & terrible Stratagesme) au seruice de sa majesté; & auec laquelle il sortit de Paris, l'acópagnant tousiours de pres en la presse de ses infortunes, cóme il l'auoit assisté en l'abondance de ses douces prosperitez, monstrant par la qu'il aymoit non les biens, mais son maistre, non sa fortune, mais sa persóne, nó en fin les delices de la cour, mais le seruice qu'il deuoit à son Prince. Or tous ces beaux traits de fidelité, nous font voir assez clerement qu'à bon droit il portoit les Herminnes dãs ses ar-

mes, carl'Hermine (à ce que diſét les Naturaliſtes)
ſe voyant preſſée des chaſſeurs, ayme mieux expo-
ſer ſon flanc aux dans deuorantes des chiens ennemis, & au fer d'vn eſpieu meurtrier, ou d'vne fleſ-
che mortelle, que de ſouiller ſon pied dans vne
vile fange, dont le veneur cauteleux entoure
l'amboucheure de ſa haute grotte, tant ce noble
animal à l'inmondicité en horreur; de ſorte que
quelqu'vn luy fait dire ces paroles en mourãt, *Malo
mori quã ſœdari.* C'eſt à dire, I'ayme mieux mourir que
ſallir. Mais entre les actions moralles, y à il rien qui
ſouille & ſalliſſe tant la reputation d'vn hóme que
ces mots de traiſtre, de perfide & de deſloyal? Nô-
tre meſſire Emery ſçauoit bien recognoiſtre ceſte
verité : c'eſt pourquoy il pouuoit bien dire durant
le cours de ſes peines, ces parolles de l'Hermine:
Malo mori quam fœdari, I'ayme mieux mourir, en
gardãt à mõ Prince la pureté de ma foy, que ſouiller
la gloire de mon nom dans les fanges odieu-
ſes d'vne lache perfidie, ce qui arriueroit ſi ie l'abã-
nois maintenant que la fortune ſe mutinne contre
luy, Car I'ayme mieux eſpouſer les trauaux du
corps & les dangers de la vie, pour conſeruer la
candeur de ma foy au ſeruice de mon Prince, que
d'euiter l'vn & l'autre en ſouillant mõ nom d'vne
tache de perfidie pour me rendre infidelle à la fidelité que i'ay iurée à mon cher maiſtre & à ma patrie
bienaymee.

C'eſt en ce point la ou il s'eſt monſtre partiſan,
de la fidelité du vertueux Pelopidas, auſſibiẽ qu'ar-
tiſan des traiz & des coups heroiques de ſon ame
genereuſe, expoſant ſes biens & ſa vie pour la de-
fence du droict, des loix, & de toute la republique.
Mais tãdis que nos yeux ſe laiſſent doucemẽt rauir

aux rayons d'orez de sa Sageſſe admirable & à l'eſ-
clat argentin de ſa fidelité nom-pareille, ientens
(ce me ſemble) les doux accentz de ſa voix, qui en-
trent à la foule dãs nos ames par l'oreille, pour no⁹
faire admirer l'eloquence de ſa bouche, auſſi bien
que la ſageſſe de ſon eſprit, & que la fidelité de ſon
Ame.

Le voyage qu'il fiſt à la Fleche, ou s'alla rendre
le Roy de Nauarre au ſortir de la Cour, fera foy de
ceſte verité. Car ayant trouué en ce lieu quelque
nõbre de notables Seigneurs & de braues gentils-
hommes, reſolus de ſuyure la fortune de ce grand
Ceſar, & de combatre deſormais ſoubs l'ombre de
ſes victorieux eſtendars, il leur fit tant de douces
& graues remontrances, qu'il les contraingnit (par
les effors d'vne viue perſuaſion) sen retourner au
ſeruice de leur Roy, & de rompre le fil de leur premiere entreprise. En quoy il fiſt reluire la force de
ſon eſloquence, qui ne conſiſte pas en ie ne ſçay
quelles petites caioleries de cour, farcies de parolles affectees & affettees: mais en des diſcours ener-
giques & capables de perſuader efficacemét aux
auditeurs à faire ou à croire ce qu'on leur veuſt
propoſer.

Mais il falloyt que les terres eſtrangeres goutaſſét
vn peu de ce miel qui couloyt des leures de ce fa-
cõd & fecond harangueur. C'eſt pourquoy le Roy
l'enuoya en Eſpagne porter les regres de la mort
de ſa Sœur: & outre cette ambaſſade tant honora-
ble ſa Maieſté l'enuoya pluſieurs autres foys vers
le Roy de Nauarre & les princes, deuant leſquels
il ſçauoyt ſi dextremét s'aquiter de ſa charge qu'on
pouuoyt bien dire de luy ce que le Pœte grec chan-
te des Ambaſſadeurs Troyens, qui pour les declarer
eſloquens,

eloquens, feint qu'ilz auoyent mangé des liz, dont
la vertu consiste (à ce que dit Pline, à rendre l'haleine douce & bien agreable, qui est vne grande
perfection au corps, côme le contraire est vn argu-
ment d'vn grãd defaut, tesmoing Hieron Tiran de
Sicille qui tançoyt sa femme de ce qu'elle ne l'a-
uoyt pas aduerti qu'il auoit vne haleine forte &
facheuse à sentir. Mais elle ne faillit pas à luy faire
vne responce(que plusieurs dames de la France ne
pourroint pas faire au iourd'huy) disãt qu'elle pen-
soit que tous les hommes eussent l'haleine sembla-
ble à la sienne, pour montrer qu'elle ne receuoit
des baysers que de luy. L'esloquence est donc rai-
sonnablement comparee à l'haleine. Car comme
l'haleine de la bouche est la muette parolle du
corps(d'autant que par icelle on reconnoist facile-
ment la temperature de ces humeurs)ainsi la parole de la langue n'est autre chose que l'haleine de
l'ame à cause que par elle on peut aysement reco-
gnoistre la capacité de l'esprit.Or puisque les harã-
gues que messire Emery de Barbezieres portoit ordinairement aux Princes & aux Roys estoient si douces à l'oreille,& agreables a l'esprit,ay-je tort de voꝰ
dire ô nobles auditeurs! qu'il auoit mangé des liz à
la mode des Troyens.On tient que les maiestés des
Monarques & des Princes estonnent bien souuent
les plus hardiz orateurs, & leur fôt prôptemét tarir
la parólle dans la bouche.Mais cela n'a iamais eu de
lieu dans nostre Messire Emery.Car il ne sçauoit que
c'est que de vaciller en parlant à des Roys: toutes-
fois cela n'est point estrãge en sa personne: car en ce
point la il vouloit imiter la qualité de l'Aigle haut
vollante(dont il porte l'effigie en ces armes) qui n'à
iamais apris à siller les paupieres deuant les rayons

C

du Soleil non plus que fon efprit deuant les maie-
ftez des Monarques.

Et c'eft la ou il fe montre compagnon du fameux
Titus Flaminius, qui (au recit de Plutarque) à autant ou plus vaincu d'hommes par la douceur de la
parolle que par le tranchant de l'efpee, & qui mefmes vn iour fceut fi bien charmer les Ambaffades
Thebains par la douce grauité de fes difcours, qu'il
entra auec eux (tout ennemy qu'il eftoyt) dans leur
ville, fans que pas vn d'eux s'en aperçeut, iufques
à ce qu'il fuft auec vne partie de fes gens, d'ans l'ef-
ceinte de leurs murailles.

Mais noftre ftatue non feulement fe rendoit admirable aux yeux du Monarque Affirien, à caufe
de fa tefte d'or, de fa poictrine d'argent, & de fes
cuiffes d'arrain : mais auffi à raifon du fer dont fes
iambes eftoient eftoffées. Et noftre Meffire Emery
ne fe rend pas feulement aggreable à nos yeux
par la fageffe de fon bel efprit, par la fidelité de
fa bonne ame , & par l'eloquence de fa langue
diferte , mais de fur plus il fe faict admirer par la
force guerriere de fon courage inuaincu figuré par
le fer.

Car le defir qu'il auoit d'aquerir de la gloire à fon
nõ foubs les trauaux de la guerre ; luy faifoit fouuent remafcher en fon cœur martial la parole de
Themiftocles qui difoit que les trophées de Miltia-
des, ne le laiffoient poinct dormir à fon ayfe. C'eft
pourquoy, des fes plus tendres ans, il paffa les Al-
pes, & fift fon aprentiffage de guerre aux fieges de
Naples & de Ciuitelle, & aux rencontres furieufes
des armées aguerries de ces deux grands Ducs de
Guyfe & d'Albes, ou il monftra bien qu'il auoit
beaucoup plus de courage & de force, que de iours

& d'années.

Le Roy Henry ayant reuoqué monſieur le Duc de Guiſe, noſtre ieune Mars demeura à Fecam, ou le Baron de Rodais le pria d'accepter ſon enſeigne, ſoubs l'ombre de laquelle il fiſt paroiſtre ſon courage belliqueux en la bataille dónée entre les Ducs de Ferrare & de Parme, & au ſiege de Gardezan, ou l'éſeigne en la main fort bleſſé, il fut porté par terre ſur le haut de la breche.

Or voyant les guerres d'Italie eſteintes par la paix, il r'entra dans la France, ou à ſon arriuée il exerça ſon courage martial aux batailles de S. Denis, & de Dreux, au chamaillez de laquelle ſon cheual luy fut tué entre les iambes.

Mais ſi par les belles preuues de ſa valleur il à courõné la memoire de ſon nõ de mille palmes glorieuſes eſtant encore parmy l'infanterie, il n'a pas moins acquis de triumphes par les beaux exploits de guerre qu'il à faits, depuis qu'il à prins rang & place parmy les Caualiers. Il rendit vn des premiers teſmoignages de ceſte verité à la Motte S. Eloy, ou apres que monſieur de Briſſac luy eut donné les coureurs à conduire, il engagea tellemét au cõbat les troupes du ſieur de Mõt-Gõmery qu'il les rompit toutes & les deffiſt ſur le champ.

Quelques iours deuant la bataille de Iarnac eſtant à Montignac, il eut l'heur & l'honneur de combatre front à front, & de tuer à la veüe des deux armées, c'eſt à ſçauoir, des Catholiques, & de la Pretéduë reformée, vn des ennemis de ſa religiõ & de l'egliſe ſa mere. Ce coup la ou reluiſoient à l'éuy le Zelle de ſa foy, & le ſeruice de ſon Roy, fut ſi agreable aux yeux de ſa Maieſté, qu'elle le fiſt àlors gentil-homme de ſa chambre, & luy commãda de se tenir aupres d'elle durant la bataille de Iarnac, ou il combatit auec tant de courage & de Zelle, que le Roy le laissa à l'issuë du conflict pres de Monsieur de la Riuiere, affin de commander aux troupes que sa Maiesté auoit ordonnées en Poictou, pour contretester les ennemis.

Il se trouua aussi à la bataille de Moncontour, ou il commendoit aux troupes de Monsieur de Villequier, & en tous les côbats principaux qui ont esté faicts contre les ennemis de l'Eglise Catholique Apostolique & Rommaine.

Il assista aussi au siege de la Rochelle, ou il fist voller deuant les yeux d'vn chacun les estincelles du zelle ordinaire qu'il auoit à l'honneur de Dieu, & au seruice de son Prince, & sur tout en vne rencontre qui se fist, ou il tira de la presse Monsieur de Ragny, porté par terre & blessé, son cheual tué dessoubz luy.

Armé & animé du mesme courage, il s'est presenté à plusieurs autres batailles rágées (iusques au nôbre de sept) sieges, assauts, escarmouches, charges, rencontres, surprises, & camisades, ce dequoy feront foy les Histoires de France & d'Italie.

Or Henry troisiesme estant mort, il fut vn des premiers rangé au seruice du Roy, regnant à present (le regne duquel plaise à Dieu conseruer & benir) auec lequel il se trouua aux guerres & batailles d'Iury, d'Arques, de Diepes, & des faux-bourgs de Paris, aux sieges de Chartres, de Paris, d'Amiens, de Roüen, d'Espernay, de l'Aon, & de la Faire, & à la prise de Paris : & en plusieurs autres beaux exploicts de guerre, ou il achettoit bien souuent de l'eau pour du sang, à la mode des Capitaines du grand Alexandre : Mais pourtant ou tousiours, soit

qu'il euſt du bien ou du mal, ſans ceſſe il trauail-
loit ſes ennemis, de ſorte que les Hannibals pou-
uoiét bié dire de luy , ce que le Cartaginois diſoit
de Marcellus (nommé l'eſpée des Rommains) l'ap-
pellant homme merueilleux, par ce que ny vain-
queur ny vaincu, il ne laiſſoit iamais ſon ennemy en
repos.

Or toutes les parties de noſtre Statuë qui reſſam-
bloient l'or, l'argent, le cuiure, & le fer, eſtoient
fondées ſur des pieds d'Argille ou de terre ; choſe
fort conuenable au ſubjеct de noſtre meſſire Emery,
duquel la ſageſſe & la foy l'éloquence &' la force,
ont eſté aſſiſes en tout temps ſur vne belle douceur
& clemence naturelle. Car quád il eſtoit queſtió de
repreſanter à ſon maiſtre quelque choſe de facheux
& de rude , il ſçauoit ſi bien deſträper les amertumes du ſubject qu'il auoit a traiſter, auec des parolles de douceur, quil luy faiſoit trouuer l'amer
doux, & le triſte ſuportable. Ou quand il voyet
ſon Prince irité cótre quel qu'vn, il ſçauoit mille artifices, pour adoucir ſa collere , imitant en ce point
vn autre Timothée, qui auec vn tó hipophrygique
ſçauoit calmer doucement les bouillons de l'ire
d'Alexandre ſuyuant la parolle du ſage qui dit que
ſermo molis confringit duritiam, c'eſt a dire, qu'vne douce parolle briſe la dureté du cœur: Mais auſſi la der-
niere partie de ſes armes ſembloit l'obliger à cela,
comme à la perfection precedante repreſantee par
le fer: car la croix qu'on y void, eſt le ſymbolle de
force & de douceur: De force pour ambraſſer des
deſſains difficilles, comme ſont ceux de la guerre
& de douceur pour ce rendre benignement fauorable à toutes perſonnes & leur procurer les douceurs de la paix.

C iij

Voila donc ô noble affiftance : comme ces cinq matieres differentes, dont eftoit compofée cefte Statuë merueilleufe, n'eftoient que les crayons & les ombres des principalles excellences, aufquelles toutes les actions de deffunct Meffire Emery de Barbezieres fe rapportent, & par lefquelles il s'eft rendu comparable à cinq perfonnages fignallez, fuiuãt les cinq Hierogliphes de fes armes qui foubs leurs beaux repliz tefmoignent fes merites & vertuz.

Or les anciens auoient couftume de mettre dans leur temple Mercure aupres de Fortune, pour faire entendre par la, que la fortune fuit ordinairemét les hómes de merite & de vertu. Toute-fois, quoy que cela ne fe practique pas toufiours, & que bien fouuent (ainfi que dit Ariftote) il arriue que *vbi plurimus intellectus ibi minima fortuna & è contra* : C'eft à dire que communement on void les hommes de merite infortunez, & au contraire les fots & les ignorants auantageufement partagez des faueurs de fortune, neátmoins cefte feinte s'eft renduë veritable en la perfóne de Mófieur de Barbezieres: Car les Ambaf fades qu'il à eües aux terres eftrangeres, les belles cómiffions qu'il a reçeuës dans ce Royaume florif fant; les charges honorables qui luy ont efté an ioinctes à la guerre; les grandes dignitez aufquelles il a efté appellé au temps de la paix; & les nobles eftats & offices qu'il à exercez à la cour, n'eftoient autre chofe que des baifers de fortune à Mercure, C'eft à dire des faueurs deües à vn hóme vertueux & plain de merite.

Mais ie diray pourtant que le plus doux baifer & la plus glorieufe faueur que fortune luy à iamais departie en ce monde, eftoit le bon heur qu'il à eu d'auoir esté l'Espoux bien aymé de ceste vertueuse & chaste dame: Madame Claude de l'Aubepinne, non seullement illustre pour estre issuë d'vne maison tres-noble & tres antiéne, dont les Seignrs ont eu la gloire & l'honneur de gouuerner nos Rois, & de conduire toutes les affaires d'Estat les plus importantes, tant en temps de guerre que de paix, & des vert⁹ desquelles ces deux chers nourrissos de Muses, Ronsard & des Portes ont richement esmaillé leurs escrits, comme il apparoist aux Poesmes de l'vn, & aux Epitaphes de l'autre. Mais encore plus illustre & plus noble par sa pieté chrestiéne, par sa bonté naturelle, par l'integrité de son cœur, par la chasteté de son corps, par la modestie de ces actions, par la belle discretion de ces parolles, & par plusieurs autres telles vertus, dont elle à de tout temps pris peine d'enrichir sa belle ame, & par l'vsage desquelles elle à tousiours autant sagement que sainctement gouuerné sa famille, & glorieusemét sur-haussé la fortune de son cher Espoux, la vie duquel estant plaine de gloire & d'honneur, represente à nos yeux, non l'image, mais la verité de ceste statue admirable que vit le monarque Assirien en dormant.

Mais helas! depuis quelques iours vne pierre roidement decochee du haut d'vne montagne sourcilleuse, est venu frapper nostre belle statuë, & d'vn coup mortellement rigoureux & rigoureusement mortel, la reduitte en terre & en pouldre. Helas! le coup que vit donner ce grand Roy à sa statue n'estoit qu'vn mésonge, & cettuy-ci, ô pitié, qu'à donné la mort à nostre cher Emery, est vne pure verité, mais ô cruelle verité, hé! que ne te peux tu reduire en mensonge? Las! le desir en est bien

equitable, mais l'effect est en de tout impossible.
Car ce corps & ce cœur iadis tous plains de force
& de courage, sont maintenant ô douleur! retenuz
prisonniers soubz vne triste lamme iusqu'au grãd
iour effroyable. Ceste face ou reluysoyt à l'envy
la majesté & la bonne grace, est à present couuerte
d'vn peu de poudre & de terre. Ceste bouche qui
iadis prononçoit tant d'oracles aux oreilles de nos
Rois, est à ceste heure par vn arrest de mort con-
damnée au silence, & ces mains (braues escholieres
de Mars) & si bien duittes à la guerre, qui aux ennemis de sa religion & de son Prince donnoient
autres-fois autant de mors que de coups, sont maintenant, ô triste changement! captifues soubz les
liens de la mort.

O mort inhumaine & cruelle Ah! que nos Pœtes
anciens auoient bien raison de te peindre auec le
pinceau de leur plume, sans oreilles, sans yeux & sãs
cœur! car si tu eusse eu des oreilles pour entendre,
ie m'asseure que les graues discours de Messire E-
mery eussẽt si doucemẽt charmé tes rigueurs, qu'il
n'eust pas esté en ton pouuoir de luy toucher pour
luy faire mal. Si tu eusse eu des yeux pour conté-
pler la Maiesté qui luy soit sur sa face, tu ne l'eusse
pas traitté de la sorte, & si tu eusse porté vn cœur
dãs tõ sein, tu n'eusse pas ainsi trãpé ta flesche meur-
triere dans le sien.

Mais ô cruelle! tu nous l'as rauy pour monstrer
que les grands aussi bien que les petits te sont tri-
butaires, que personne ne se peut dispenser de tes
Loix, & qu'il n'y a point d'Autel de franchise contre toy : Et pour apprendre à ces courtisãs, à ces
grands, à ces riches, à ces nobles & à tous ces rodo-
monts, combien grand' est leur folie de se glorifier
en leurs

en leurs delices, grandeurs, richeffes, nobleffe, &
puiffance, puis que tu doy quelque iour (& peut
eftre plus toft qu'ilz ne penfent) rauir & emporter
tout cela: car fi la puiffance, la nobleffe, les richeffes, les honneurs, les grandeurs, les amis, & les dignitez, auoient quelque aduãtage deffus toy, noftre cher Emery viuroit encores : encore (dy-je)
nous ioüirions du bon heur de fa prefence defirable, mais quoy ! *statutum eft omnibus hominibus femel
mori.* Il faut tous mourir vne fois. *Commune eft mori.*
Oüy Meffieurs ! Oüy Mefdames ! oüy Mefdamoy-
felles: C'eft vne chofe cõmune à to° de mourir, mais
de bien mourir, cela n'eft propre qu'aux gés de bien
& non pas au mefchans.

Et de la vient que la mort fe monftre tant difpa-
reille aux bons & aux peruers : car aux vns elle eft
tres douce, & aux autres toute amere; aux vns a-
greable, & aux autres formidable : d'autant qu'elle
pouffe ceux-cy au bon heur, & precipité ceux la
dans les gouffres du mal-heur : Ceux cy meurent
vne fois pour viure à iamais fans crainte de la mort,
& ceux la viuent vn peu de téps pour mourir eter-
nellement fans aucune efperance de la vie: ceux-cy
à la fin de leurs iours vont fauourer les douceurs
d'vne vie eternelle, & ceux la courent aualler les
amertumes d'vne mort immortelle . A ceux-cy la
mort n'eft qu'vne courbe-celle de la vie, vn tourne-
bride de la terre au Ciel, vn auan-jeu de l'immor-
talité, & vn paffage du mal-heur au bon heur ; &
à ceux-cy, mourir eft vn fepulchre de plaifir, vn
deftour de la terre aux Enfers, vn auant-coureur
de fuplices eternels, & vn cruel & trifte changemét
du bon heur au mal-heur.

Or noftre meffire Emery à voulu partager le fort

D

non des hommes feullement, qui eſt de mourſi
mais celuy des vertueux & des bons qui eſt de bie
mourir vne fois, affin de mieux reuiure à iamai
Et ceſt dequoy il à porté teſmoignage vn peu de
uant que de rendre l'Eſprit entre les mains de ſo
Createur par vne húble & deuote receptió des ſaint
Sacremens de l'Egliſe, & par vne ſincere confeſſi
on de ſa foy, & proteſtation abſoluë de vouloi
mourir en l'vnité de l'Egliſe Catholicque Apoſto
lique & Rommaine, en laquelle il auoit touſiour
veſcu, & par vn vœu tout nouueau qu'il à fait à ſoi
Prince de mourir ſon treſ-humble & obeiſſan
ſeruiteur affin de rendre ſa mort conforme à ſ
vie.

Cela fait & dit, s'entant ſes forces corporelle
diminuer peu à peu, taſchoit d'augmenter celle
de ſon Eſprit par telles ou ſemblables penſées. Or
ſus (mó ame) il eſt temps de deſloger, tu és maintenant ſommée de te rendre, car auſſi bien la forte-
reſſe ou tu te retirois eſt toute deſolée, la place n'eſt
plus tenable, car elle ſen va tantoſt terraſſée : Mais
toy (mon ame) qui as autresfois ſi honorablemét
praticqué les Loix de la guerre, ſors auiourdhuy
de ce chaſteau corporel auec de l'honneur, ſors
(diſ-je) auec l'enſeigne deployée, le tambour bat-
tant, l'arquebuſe ſur l'eſpaulle, la meſche allumée,
& emporte auec toy ton bagage, & marche d'vn
pas humblement aſſeuré. Ton enſeigne c'eſt la
Croix de ton pitoyable Redempteur Ieſus-Chriſt,
ton tambour ce ſont les ſouſpirs de ta penitence,
ton bâton à feu c'eſt ta charité, ta meſche allumée
c'eſt ta foy, non vne foy morte cóme celle de Cal-
uin, mais viue & qui opere par la dilection, ainſi
qu'enſeigne le Doƈteur des Gentilz, & ton bagage

sont les bonnes œuures que tu as produittes, non
de toy seulement, mais par l'ayde de la grace de ton
Dieu, à laquelle tu as cooperé par ton frãc-arbitre.

Mais pourquoy ô mon Ame! te fasche-il d'aban-
donner la demeure de ce corps, qui ne t'à iamais
fait que du mal? Souuienne toy (ie te prie) de l'in-
gratitude & cruauté trop extresme dont il à vsé en
ton endroict, affin que par ceste consideration tu
puisse perdre le regret que tu as de te separer de
luy. Car sache que toute la vie qu'il à euë icy bas, il
ne la prise que de toy, & toutes les mors que tu as
reçeuës en ce monde, tu ne les as prises que de luy:
ô la triste recompence, que tu aye reçeu la mort de
celuy à qui tu as donné la vie : Mais condition miserable que tu n'aye peu luy donner la vie, qu'en
receuant la mort de luy pour eschange. Car deuant
que tu fusse vnie à ce corps, il n'auoit point de vie,
il estoit dãs le flanc de sa mere comme vne chetifve
masse de chair toute morte, mais si tost qu'au point
de ta creation tu fus infuze dans ce corps, des le
mesme instant que tu luy eu donné le premier trait
de la vie, tu reçeu de luy le premier coup de la
mort, par le moyen du peché originel, duquel tu te
vis l'esclaue miserable. Toutes-fois tu ne
t'en peux plaindre iustement : car il te traite tout
de mesme que tu as traité ton doux Redempteur,
de qui seul tu tiens la vie de la grace : d'autant que
tu n'as iamais reçeu de luy cette vie spirituelle,
qu'en luy donnant vne mort ignominieuse & cruelle, veu que c'est le merite de sa mort qui est la seu-
le cause de ta vie.

Puis donc que ce corps ingrat t'a rendu la mort
pour recompence de la vie que tu luy auois donnée
en t'vnissant à luy (mon ame) romps maintenãt

le fil de ceste fatalle vnion, affin qu'en te feparant de luy, tu puiffe vanger le tort qu'il te fift, & recouurer la vie que tu perdy le iour que tu fuz affemblée & vnie auec luy. Car puifque ceste vnion corporelle eft la caufe de ta mort, il faut efperer que la feparation que tu feras d'auec luy, fera vn acheminement bien heureux à la vie, d'autant que deux caufes contraires (telles que font l'vnion & la diuifion) produifent ordinairement des effects diffemblables, tels que font la mort & la vie. Hafte toy donc [mon ame] d'aller trouuer l'autheur fouuerain de ta vie. Auance toy donc [mon efprit] de t'enuoller vers le feiour defirable de ton bien aymé Redempteur entre les pitoyables mains duquel ie te recommande humblement.

Finiffant ces difcours de fon cœur, il finift quand & quand le cours de fa vie, rendant fon Efprit entre les mains de fon Createur tout puiffant.

Or allez dõc belle Ame trouuer voftre Redempteur & cheminez feurement foubs la conduitte de cefte viue foy & faincte Religion que vous auez toufiours profeffee icy bas.

Puiffiez vous eftre à iamais vne de ces belles Colombes qui fe mirent dans les eaux chriftalinnes, c'eft à dire dans les delices du Ciel Empyrée.

Puiffiez vous eftre vne de ces petites brebiettes, qui apres auoir defpoüillé leur tonfure corporelle montent du lauoir de la penitence, au haut de la montagne celefte.

Puiffiez vous encore eftre vne petitte Aiglonne, afin de contempler fixement le Soleil Eternel de l'Effence Diuine.

Puiffiez vous de furplus eftre comme vne petite Eftoille toufiours brillonnante de lumiere au beau

Firmament de l'Eternité.

Puissiez vous en fin, ô Ame ! chere espouse de Iesus-Christ, iouyr bien-heureuse à iamais des douces ambrassades de vostre cher espoux. Allez dóc & cependát que vous vous acheminerez vers le throsne de sa saincte Maiesté, ie luy adresseray cest requeste en vostre nom.

ORAISON

CETTE Ame qui depuis peu vous eſt allé
trouuer, ô Pere pitoyable ! c'eſt voſtre
chere fille, à qui pour gage d'amour auez donn-
né voſtre belle Image imprimée ſur ſon front,
auec des caracteres inefaçables, Las ! ie la voy
maintenant (ce me ſemble) eſtandue au pied
du throſne de voſtre S. Majeſté, toutte plaine
d'amour, de reſpec & de crainte : d'amour
aux rayons de voſtre bonté Infinie : de reſpec,
aux eſclairs de voſtre grandeur Eternelle : &
de crainte au ſouuenir de ſes fragilitez humai-
nes. Toutes-fois (mon Dieu) n'entrez pas s'il
vous plaiſt en iugement auec elle : mais plus-
toſt reconnoiſſez en elle le marques anciênes de
voſtre Amour infini : car c'eſt cette ame que
vous auez autres fois marquée du ſeau de voſtre Diuinité, & que vous auez deſtinee pour
eſtre à iamais le ſacré têple de vos graces. C'eſt
elle à qui vous donnaſtes le ciel en pur don, &
pour laquelle vous le racheptaſtes au prix de

voftre fang pretieux, apres qu'elle l'eut perdu
par la folie de sõ pere. C'eft cet ame (Seigneur)
pour l'amour de laquelle vous auez enduré
mille maux, mille peines, & mille douleurs:
mefmes iufquesà achepter fon amour au prix
de voftre mort. En fin c'eft cet ame ô grand
Roy du ciel & de la terre ! l'amour de laquelle
vous à rauy fi fort, que vous n'auez point de-
daignè de l'appeller voftre fœur, voftre amye
& voftre Efpoufe bien aymée. Faictes luy
donc maintenant fauourer les douceurs agreables de ces tiltres amoureux, fans auoir efgard
à fes fautes qui la pourroient priuer de la pof-
feffiõ de ces tiltres agreables, & voº refouuenez
s'il vous plaift qu'il faut bien fouuent endurer
les imperfections d'vne fœur, des legeretes d'v-
ne amye ; & des indifcretions d'vne Efpoufe.
Receuez la dõc auiourd'huy en voftre delitieux
Paradis, ô doux Redempteur des humains!
& fuiuant ces beaux epithettes, donnez luy
le traictement d'vne fœur, les embraffemens
d'vne amye, & les doux baifers d'vne Efpoufe bien aymée, AINSI SOIT-IL.

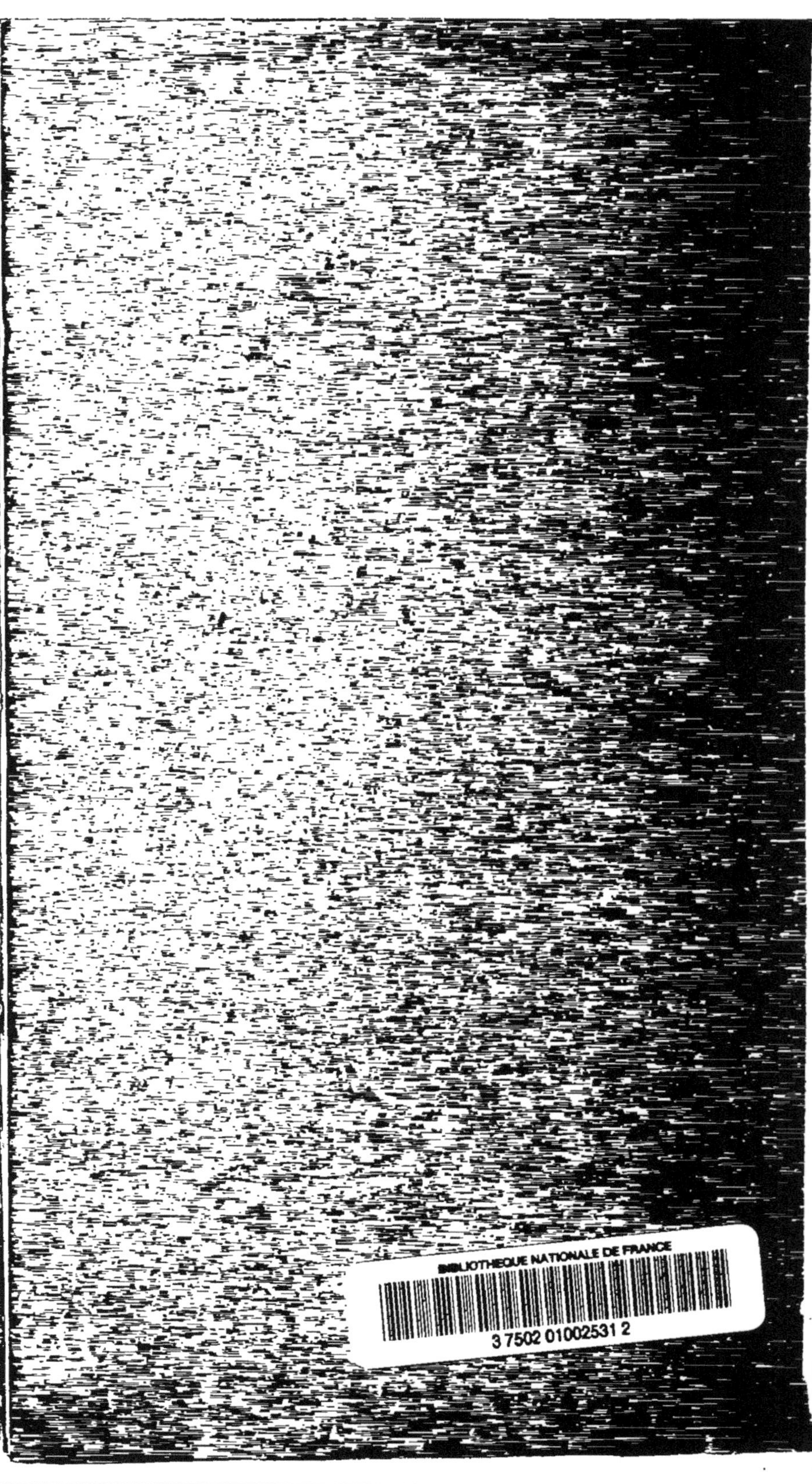

www.ingramcontent.com/pod-product-compliance
Ingram Content Group UK Ltd.
Pitfield, Milton Keynes, MK11 3LW, UK
UKHW021150140726
13695UKWH00005B/2049